ACADÉMIE DE CAEN

DÉPARTEMENT DE LA SARTHE

## Circonscription du Mans

# BIBLIOTHÈQUE PÉDAGOGIQUE

## RÈGLEMENT & CATALOGUE

Séries : A Philosophie.
B Pédagogie.
C Législation. — Economie politique.
D Belles Lettres, Beaux-Arts.
E Histoire. — Géographie.
F Sciences.
G Divers. — Périodiques.

NOTA. — Les ouvrages marqués d'un astérisque seront consultés sur place.

LE MANS

ANCIENNE ASSOCIATION OUVRIÈRE DE L'IMPRIMERIE DROUIN

JOBIDON, Successeur, 5, RUE DU PORC-ÉPIC, 5

1927

# Règlement de la Bibliothèque Pédagogique de la Circonscription du Mans

1° La Bibliothèque pédagogique de la Circonscription du Mans est placée au Mans, à l'Ecole Dulac (entrée : rue Saint-Martin).

2° Une cotisation annuelle de 5 francs est versée au moment des conférences pédagogiques d'automne par les Instituteurs et les Institutrices publics de la Circonscription. Les anciens membres de l'enseignement qui désirent bénéficier des avantages offerts par la Bibliothèque versent la même cotisation. Pour les membres de l'enseignement en retraite la cotisation est de 2 francs.

3° Cette cotisation sert à l'entretien de la bibliothèque (corps et livres), au paiement des frais de gestion du bibliothécaire et du trésorier, à l'achat des nouveaux ouvrages.

4° Chaque canton nomme **au moins** deux délégués à la conférence d'automne et désigne l'un deux qui doit recevoir les cotisations et dresser la liste des ouvrages dont l'acquisition est demandée.

5° Les délégués des cantons se réunissent au Mans au moins une fois par an sur la convocation de l'Inspecteur primaire. Les instituteurs et institutrices qui le désirent pourront assister à la réunion avec voix délibérative

6° Le bibliothécaire et le trésorier sont désignés par les délégués des cantons.

7° Les délégués, le bibliothécaire et le trésorier, sous la présidence de l'Inspecteur primaire, prennent toutes les décisions nécessaires pour l'application de l'article 3 du présent règlement Toute question d'un autre ordre est rigoureusement proscrite.

8° Un catalogue est déposé dans chaque école. Les rectificatifs à placer dans le catalogue seront envoyés chaque année. Les instituteurs qui désirent un catalogue personnel pourront l'acquérir au prix indiqué par circulaire. Ils doivent prendre connaissance des rectificatifs dans le catalogue de leur école.

9° La bibliothèque est ouverte le jeudi de 10 heures à 11 heures et de 14 heures à 15 heures Les Instituteurs et les Institutrices du Mans prendront les livres au siège de la Bibliothèque et les y rapporteront. Pour les instituteurs et les institutrices des communes rurales les prêts sont faits sur demande affranchie adressée au Bibliothécaire à l'Ecole Dulac, au Mans.

Le nombre des volumes prêtés à la même personne est limité à trois. Les ouvrages marqués d'un astérisque sur le catalogue seront consultés sur place.

10° La durée des prêts ne peut excéder un mois. Une amende de un franc sera perçue par le délégué cantonal (en même temps que la cotisation) pour chaque semaine de retard, après rappel adressé par le bibliothécaire.

11° Les prêts sont envoyés dans l'ordre de réception des demandes.

12° L'envoi des livres est à la charge de l'emprunteur.

13° Les livres sont retournés au bibliothécaire Ils doivent être paquetés avec soin. Le retour est à la charge de l'emprunteur. Celui-ci est responsable des livres mis hors d'usage ou égarés par lui.

14° A partir de 1927 et dans la limite des ressources disponibles, la bibliothèque peut accorder 40 % des abonnements aux revues demandés par des groupes d'instituteurs Elle fait alors le service de la revue aux membres du groupe qui acquitte 60 % de l'abonnement. Les intéressés fixent eux-mêmes l'ordre de roulement et la durée du prêt. Les revues appartiennent ensuite à la bibliothèque.

ACADÉMIE DE CAEN

DÉPARTEMENT DE LA SARTHE


## Circonscription du Mans

# BIBLIOTHÈQUE PÉDAGOGIQUE

## RÈGLEMENT & CATALOGUE

Séries : A **Philosophie.**

B **Pédagogie.**

C **Législation. — Economie politique.**

D **Belles Lettres, Beaux-Arts.**

E **Histoire. — Géographie.**

F **Sciences.**

G **Divers. — Périodiques.**

NOTA. — Les ouvrages marqués d'un astérisque seront consultés sur place.

LE MANS

ANCIENNE ASSOCIATION OUVRIÈRE DE L'IMPRIMERIE DROUIN

JOBIDON, Successeur, 5, RUE DU PORC-ÉPIC, 5

1927

# Série A. — Philosophie

| 1 | Ajam. | L'Esprit scientifique de la Jeunesse. |
|---|---|---|
| 2 | Auriac (d') | La France d'aujourd'hui et celle de demain. |
| 3 | Bain. | La Science de l'Education |
| 4 | Barni. | La Morale dans la Démocratie. |
| 5 | Barni | Les Moralistes Français du xviiie siècle. |
| 6 | Barnich. | Essai de Philosophie positée basée sur l'Energétique Sociale de Solway. |
| 7 | Barrau | Directions morales. |
| 8 | Baudin. | Forces perdues |
| 9 | Baudin. | Petite ville |
| 10 | Boudivenne. | L'Education de la Femme |
| 11 | Bouglé. | Leçons de Sociologie sur l'Evolution des Valeurs. |
| 12 | L. Bourgeois. | L'Education et la Démocratie française. |
| 13 | Bridou. | L'éducation des Sentiments. |
| 14 | Cantécor. | Les Philosophes. — Kant. |
| 15 | Challaye | Les Principes Généraux de la Science et de la Morale. |
| 16 | E. Charles. | La Logique de Port-Royal. |
| 17 | Clamens | Le problème de la Dépopulation |
| 18 | G. Clémenceau. | La Mêlée Sociale. |
| 19 | Mme Coignet. | L'Education dans la Démocratie. |
| 20 | Corra. | La Philosophie positive. |
| 21 | Descartes. | Discours de la Méthode |
| 22 | Dreyfus-Brissac | L'Education Nouvelle |
| 23 | Dugas. | L'Education du Caractère. |
| 24 | Duprat. | La Morale psycho-sociologique. |
| 25 | Fauconnet. | La Responsabilité. |
| 26 | Fénelon. | Education des Filles. |
| 27 | Fleurant. | Sur la Solidarité. |
| 28 | Fouillée. | Histoire de la Philosophie. |
| 29 | Fouillée. | Descartes. |
| 30 | Frœbel. | L'Education de l'homme. |
| 31 | O. Gréard. | De la Morale de Plutarque. |
| 32 | Janet. | Cours de Morale. |
| 33 | Joly. | L'homme et l'animal. |

34  Laboulaye                Channing.
35  Leclère.                 L'Education Morale Rationnelle.
36  Lévy-Bruhl.              La mentalité primitive.
37  Lévy-Bruhl.              La Morale et la Science des Mœurs.
38  Liard.                   Descartes. Sa philosophie.
39  Marion                   Leçons de psychologie appliquées à l'Education.
40  Marion.                  Leçons de Morale
41  Pécaut.                  L'Education de Soi Même. Traduit de Blackie
42  H. Poincaré.             La Science et l'Hypothèse.
43  Renan.                   Essais de Morale et de Critique
44  Richard.                 La Sociologie Générale et les Lois Sociologiques.
45  Rossignol.               Un pays de célibataires
46  Salt.                    Les droits de l'animal.
47  Spencer.                 Education Intellectuelle et Morale.
48  Thouverez.               Eléments de Morale Théorique et Pratique.
49  Waldeck-Rousseau.        Questions Sociales.

# Série B. — Pédagogie

33 Compayré.            Histoire Critique des Doctrines de l'Education en France.
34 Compayré.            Education Intellectuelle et Morale.
35 Conklin.             L'Hérédité et le Milieu.
36 Coubertin.           Amélioration et développement de l'Education Physique.
37 Cramausel           Le premier éveil intellectuel de l'Enfant.
38 Cuissart.            Conférences Pédagogiques faites aux Instituteurs de Paris.
39 Daujat.              Cours normal des Travaux Manuels.
40 Decroly.             Vers l'Ecole Renovée.
41 Defodon.             Lectures Pédagogiques.
42 Delon.               La Leçon de choses.
43 Delvolvé.            La technique éducative.
44 Desthieux.           Les Crânes bourrés.
45 Dufrenne.            La Réforme des Ecoles Primaires.
46 Dumesnil.            La Pédagogie Révolutionnaire.
47 Dupanloup.           L'Enfant
48 Egger.               Développement de l'Intelligence des Enfants.
49 Eslander.            L'Ecole Nouvelle.
50 Evrard.              L'Adolescente.
51 Faguet.              La Fontaine expliqué aux Enfants.
52 Fauny-Delon.         Exercices et travaux pour les Enfants selon Pestallozi.
53 Fénelon.             De l'Education des Filles.
54 Ferry.               Discours. L'Ecole Gratuite, Obligatoire et Laïque.
55 Fonsagrives.         L'Education physique des Garçons.
56 Forfer.              Causeries.
57 Friedel.             La Pédagogie dans les Pays Etrangers.
58 Gérard.              Maximes morales des petits écoliers français.
59 Pe Girard.           De l'Enseignement de la Langue Maternelle dans les Ecoles et la Famille.
60 Gossot.              Mme Marie Pape-Carpentier.
61 Granboulan.          Rapport sur l'Enseignement Primaire dans la Sarthe
62 Gréard.              L'Enseignement Primaire, Secondaire, Supérieur.
63 Gréard.              Education et Instruction.
64 Grimard.             L'Enfant. Son Passé. Son Avenir.

132  Roüsselot.          La Pédagogie féminine

133  Royer.              Le livre de l'Eclaireur.

134  M<sup>me</sup> de Saussure.   L'Education progressive.

135  Séailles.           Education ou Révolution

136  Simon.              L'Ecole.

137  Soleil-Bonnefoy     Le Livre des Paysans.

138  Souquet.            L'Emile (Extraits), Rousseau.

139  Souquet.            Les Ecrivains pédagogues du xvi<sup>e</sup> siècle.

140  Steeg.              Emile ou de l'Education (Extraits).

141  Taine.              Les Philosophes du xviii<sup>e</sup> siècle.

142  Taine.              Les Philosophes du xix<sup>e</sup> siècle.

143  Théry.              Lettres sur la profession d'Instituteur.

144  Théry.              Conseils aux mères.

145  Théry.              Histoire de l'Education en France depuis le
                         vi<sup>e</sup> siècle jusqu'à nos jours.

146  Thomas.             L'Education dans la famille.

147  Vessiot.            L'Education à l'Ecole.

148  Vessiot.            L'Enseignement à l'Ecole.

149  Vincent.            Les Instituteurs et la Démocratie.

150  Waltz.              Le livre du maître pour l'Enseignement de la
                         Morale.

151  X.                  Sujets de Compositions donnés aux brevets
                         en 1912.

# Série D. — Belles-Lettres, Beaux-Arts

| | | |
|---|---|---|
| 1 | Anthologie. | Prosateurs français contemporains. |
| 2 | Augier. | L'Aventurière. |
| 3 | Augier. | Le gendre de M. Poirier. |
| 4 | Aulard. | Taine. |
| 5 | Aynard. | Oxford et Cambridge (Les Villes d'Art). |
| 6 | Barthou. | Mirabeau. |
| 7 | Baudin. | La Poussée. |
| 8 | Bazaillas. | Jean-Jacques Rousseau. |
| 9 | Becque. | Théâtre. |
| 10 | Bédier. | La Chanson de Roland. |
| 11 | Bernstein. | Judith. |
| 12 | Bizos. | Fénélon. |
| 13 | Blin-Lefebvre (Mme). | Institutrice, écoliers, paysans. |
| 14 | Boileau. | OEuvres poétiques. |
| 15 | Bordeaux. | La Neige sur les Pas. |
| 16 | Bossuet. | Oraisons funèbres. |
| 17 | Bouchaud. | Bologne (Les Villes d'Art). |
| 18 | Bouilliez. | Eloge de Fontenelle. |
| 19 | Brachet. | Grammaire historique. |
| 20 | Brieux. | Les Avariés. |
| 21 | Châteaubriand. | Le Génie du Christianisme. |
| 22 | Châteaubriand. | Les Martyrs. |
| 23 | Châteaubriant (A. de). | M. des Lourdines. |
| 24 | Châteaubriant (A. de). | La Brière. |
| 25 | Charton. | Nouvelles Lectures des Familles. |
| 26 | Chasles. | Littérature française. |
| 27 | Chénier. | OEuvres poétiques. |
| 28 | Cocheris. | Etymologie française. |
| 29 | Corneille. | Chefs-d'œuvre. |
| 30 | Corthis. | Pour moi seule. |
| 31 | Curel (de). | Théâtre choisi. |
| 32 | Daguet. | Poèmes et Poésies fugitives. |
| 33 | Daguet. | Derniers échos. |
| 34 | Dante. | La Divine Comédie. |
| 35 | Daudet (A.). | Tartarin sur les Alpes. |
| 36 | Daudet (A.). | Les Rois en exil. |

| 37 | Delarue-Mardrus. | L'Ex-Voto. |
| 38 | Deriès. | Journal d'une Institutrice. |
| 39 | Desbordes-Valmore. | Poésies de l'Enfance. |
| 40 | Delavigne. | OEuvres complètes. |
| 41 | Donnay. | Oiseaux de Passage. |
| 42 | Ducros | Morceaux choisis. |
| 43 | Escholier | Cantegril. |
| 44 | Eschyle. | Théâtre. |
| 45 | Estaunié. | L'Ascension de M. Balesve. |
| 46 | Estaunié. | L'Empreinte. |
| 47 | Faguet. | Corneille. |
| 48 | Faguet. | La Fontaine. |
| 49 | Faguet. | Le 18e siècle. |
| 50 | Faure. | Heures d'Italie. |
| 51 | Fénelon. | Télémaque. |
| 52 | Flourens. | Les Manuscrits de Buffon. |
| 53 | France (A.). | Le Crime de Sylvestre Bonnard. |
| 54 | France (A.). | La Révolte des Anges. |
| 55 | France (A.). | Les Opinions de Jérome Coignard. |
| 56 | Fribourg. | Les Discours de Danton. |
| 57 | Funck-Brentano. | Le Moyen-Age. |
| 58 | Galtier. | Etienne Dolet. |
| 59 | Galzy. | Les Allongés. |
| 60 | Garcin. | Mme Roland. |
| 61 | Gérusez. | Théâtre de Voltaire. |
| 62 | Gérusez. | Histoire de la Littérature française. |
| 63 | Giraud. | La Vie héroïque de Blaise Pascal. |
| 64 | Giraudoux | Siegfried et le Limousin. |
| 65 | Gœthe. | Hermann et Dorothée. |
| 66 | Gros | L'Amour dans le Roman de la Rose. |
| 67 | Guiffrey. | Le Musée du Louvre. |
| 68 | Gyp. | Le Mariage de Chiffon. |
| 69 | Hallays. | Le Pélerinage de Port-Royal. |
| 70 | Hamp. | Le Cantique des Cantiques. |
| 71 | Hamp. | Les Métiers blessés. |
| 72 | Haraucourt. | Le Musée de Cluny. |
| 73 | Harel. | Loin des Villes. |
| 74 | Harel. | A travers les Branches. |
| 75 | Harel. | Notes de Théâtre. |
| 76 | Havet. | Pensées de Pascal. |

| | | |
|---|---|---|
| 77 | Herriot. | Dans la Forêt normande. |
| 78 | Homère. | L. Iliade. |
| 79 | Homère. | L. Odyssée. |
| 80 | Hugo (V.). | Les Contemplations. |
| 81 | Hugo (V.). | Lucrèce Borgia. |
| 82 | Hugo (V.). | Dernier jour d'un condamné. |
| 83 | Hugo (V.). | Les Travailleurs de la mer. |
| 84 | Hugo (V.). | Intermèdes de Guerre à l'Odéon. |
| 85 | Jaloux. | Le reste est silence. |
| 86 | Kipling (R ). | La lumière qui s'éteint. |
| 87 | Kipling (R.). | Le livre de la Jungle. |
| 88 | Kipling (R.). | Le Second livre de la Jungle. |
| 89 | La Bruyère. | Les Caractères. |
| 90 | La Fontaine. | Œuvres. |
| 91 | Lamartine. | Le Manuscrit de ma mère. |
| 92 | Lamartine. | Extraits. |
| 93 | Lamartine. | Jacquard. |
| 94 | Lamartine. | Le tailleur de pierre de Saint-Point. |
| 95 | Laprade (V. de). | Le Livre d'un père. |
| 96 | Lebaigue | Réforme orthographique. |
| 97 | Legouvé. | L'art et la lecture. |
| 98 | Lemaître (J ) | Les Contemporains |
| 99 | Lenient | La Poésie patriotique en France. |
| 100 | Lenôtre. | Vieilles maisons, vieux papiers. |
| 101 | Leroy. | Murmure. |
| 102 | Lesueur (D.). | Nietzschéenne. |
| 103 | Lhermitte. | L'Etoile. |
| 104 | Liquier. | Lectures pour l'Ecole et la Vie. |
| 105 | Malot (H.). | Marié par les prêtres. |
| 106 | Manuel. | Poésies du Foyer et de l'École. |
| 107 | Merlet. | Anthologie des Poètes du 19e siècle. |
| 108 | Michelet | L'oiseau. |
| 109 | Michelet. | L'insecte. |
| 110 | Michel. | Le Musée du Louvre. |
| 111 | Mille. | L'Illustre Partonneau. |
| 112 | Molière. | Œuvres. |
| 113 | Montesquieu. | L'Esprit des Lois. |
| 114 | Montesquieu. | Les Lettres persanes. |
| 115 | Musset (A. de). | Confession d'un enfant du siècle. |
| 116 | Musset (A. de). | Pages choisies. |

| 117 | Pellico (Sylvio) | Mes Prisons. |
| 118 | Pergaud. | La Guerre des Boutons. |
| 119 | Pergaud. | La Revanche du Corbeau. |
| 120 | Racine. | Théâtre. |
| 121 | Renan | Souvenirs d'Enfance et de Jeunesse |
| 122 | Renan. | Pages choisies |
| 123 | Renan. | Drames philosophiques |
| 124 | Renan. | Le livre de Job |
| 125 | Renard. | Ma Gerbe. |
| 126 | Réau | Cologne (Les villes d'art). |
| 127 | Rousseau (J J.) | Emile. |
| 128 | Roustan. | Le Dialogue. |
| 129 | Saint-Simon. | Scènes et Portraits |
| 130 | Schiller. | Guillaume Tell. |
| 131 | Sévigné (Mme de) | Lettres choisies. |
| 132 | Skakespeare. | OEuvres. |
| 133 | Sienckewickz. | Quo Vadis. |
| 134 | Sohet (de). | Dieu ou Darwin |
| 135 | Staël (Mme de). | Corinne. |
| 136 | Talbot. | Rabelais et Montaigne. |
| 137 | Tasse (Le). | Jérusalem délivrée. |
| 138 | Tharaud (J. et J.) | La Maîtresse servante. |
| 139 | Theuriet. | Les deux sœurs |
| 140 | Vendryes. | Le langage. |
| 141 | Vial. | Doctrines littéraires du 18e siècle. |
| 142 | Villemain. | Littérature française. |
| 143 | Villetard. | La maison des sourires. |
| 144 | Virgile. | OEuvres choisies. |
| 145 | Voltaire. | OEuvres. |
| 146 | Webster. | Papa Faucheux. |
| 147 | Wels. | Anticipations. |
| 148 | Whitney. | La vie du langage. |
| 149 | Zola. | L'argent. |

# Série E. — Histoire, Géographie

| | | |
|---|---|---|
| 1 | Adam (Mme). | Impressions d'une française en Russie. |
| 2 | Ammann. | Histoire Générale. |
| 3 | Arvert (d'). | Institution nationale. |
| 4 | Aulard. | Histoire politique de la Révolution française. |
| 5 | Bastide. | Institutions de l'Angleterre. |
| 6 | Baudin. | L'armée moderne. |
| 7 | Bédier, | Les crimes allemands. |
| 8 | » | Comment l'Allemagne justifie ses crimes. |
| 9 | Beszard. | Etude sur l'origine des noms de lieux du Maine. |
| 10 | Block. | La France. |
| 11 | » | Le département. |
| 12 | » | La commune. |
| 13 | Brizon. | L'Église et la Révolution française. |
| 14 | Butts. | Héros. |
| 15 | Cahen. | Querelles religieuses et parlementaires sous Louis XV. |
| 16 | Châle. | Paroles et Figures républicaines. |
| 17 | Chardon. | Les Vendéens dans la Sarthe. |
| 18 | Coquidé. | Côtes et Plages de France. |
| 19 | Corréard. | Michelet. |
| 20 | Darmesteter. | Les Prophètes. |
| 21 | Dauzat. | L'expansion italienne. |
| 22 | Delaisi. | Les forces allemandes. |
| 23 | Denis. | La Guerre. |
| 24 | Desachy. | La France noire. |
| 25 | Documents officiels. | Les Allemands destructeurs. |
| 26 | Dubois. | Géographie économique. |
| 27 | » | La crise maritime. |
| 28 | Duruy. | Histoire universelle. |
| 29 | » | Abrégé d'Histoire grecque. |
| 30 | Duruy. | Abrégé d'Histoire romaine. |
| 31 | » | Abrégé d'Histoire de l'Europe. |
| 32 | » | Abrégé d'Histoire de l'Orient. |
| 33 | Duval. | Notre Pays. |

| | | |
|---|---|---|
| 34 | Fabre. | Délivrance d'Orléans. |
| 35 | Faure. | L'Université républicaine. |
| 36 | Freycinet (de). | Souvenirs. |
| 37 | Gobron. | Le droit de grâce. |
| 38 | Gosset. | Histoire du Moyen Age. |
| 39 | Guéroult. | Centenaire de 1789. |
| 40 | Guiyesse. | La France et la paix armée. |
| 41 | Holland. | Au Japon. |
| 42 | Jacob. | Pour l'école laïque. |
| 43 | Joanne (Guides). | Paris à Rennes. |
| 44 | » | Paris à Cologne. |
| 45 | » | Paris à Boulogne. |
| 46 | » | Paris à Nantes. |
| 47 | » | Paris à Mulhouse. |
| 48 | » | Paris à Agen. |
| 49 | » | Paris à Strasbourg. |
| 50 | » | Pau et Eaux-Bonnes. |
| 51 | » | De Dijon en Suisse. |
| 52 | » | Hyères et Toulon. |
| 53 | » | Bade et la Forêt Noire. |
| 54 | Jullian. | De la Gaule à la France. |
| 55 | Khorat. | Au Maroc. |
| 56 | Kropotkine. | Paroles d'un Révolté. |
| 57 | La Chesnaie. | L'Eglise et les Etats |
| 58 | Lacombe. | Histoire du peuple français. |
| 59 | Lacour. | La Révolution Française. |
| 60 | Lanessan (de). | L'Empire germanique. |
| 61 | Lanier. | L'Afrique. |
| 62 | » | L'Europe. |
| 63 | » | L'Asie. |
| 64 | » | L'Amérique. |
| 65 | Lavallée. | Histoire des Français. |
| 66 | Lavergne. | Les Assemblées provinciales sous Louis XVI. |
| 67 | Lavisse. | Histoire de France contemporaine. |
| 68 | Legendre. | Lakanal. |
| 69 | Le Pelletier de la Sarthe. | Histoire de la Province du Maine. |
| 70 | Lestang (de). | Les Incursions normandes dans le Maine. |
| 71 | Luchaire. | Alexandre Borgia à Sixte-Quint. |
| 72 | Martin. | La Grèce nouvelle. |

# Série F. — Sciences

| 1 | Berger. | Télégraphie sans fil. |
|---|---|---|
| 2 | Bernard. | Le Calciaire. |
| 3 | Bert (P.). | Anatomie et Physiologie animales. |
| 4 | Bert (P.). | Zoologie. |
| 5 | Bessonnet-Fabre. | La Typologie. |
| 6 | Blais. | Insectes utiles et nuisibles. |
| 7 | Bonnier. | Nouvel enseignement des sciences naturelles. |
| 8 | Bonnier. | Flore |
| 9 | Boutan. | Physique. |
| 10 | Bouvier. | Les Mammifères de France. |
| 11 | Couvet. | Cours de Botanique. |
| 12 | Chaplet. | Recettes de l'Atelier. |
| 13 | Chaplet. | Recettes de la Campagne |
| 14 | Chaplet. | Recettes de la Maison. |
| 15 | Chaplet. | Recettes de Laboratoire. |
| 16 | Chateau. | Un danger menaçant pour la santé publique. |
| 17 | Debove. | Hygiène. |
| 18 | Doresse. | La Ménagère. |
| 19 | Doumert. | La Dentelle. |
| 20 | Duponchel. | Théorie des Alluvions artificielles. |
| 21 | Figuier. | L'Année scientifique. |
| 22 | Flammarion. | Récits de l'Infini. |
| 23 | Gentil. | Inventaire des plantes vasculaires de la Sarthe. |
| 24 | Georges. | Traité d'Hygiène. |
| 25 | Girard. | Catalogues des Animaux utiles et nuisibles. |
| 26 | Gouget. | Levé de Plans. |
| 27 | Hamon du Fougeray. | Hygiène de l'Oreille. |
| 28 | Hamy. | Aimé Bonpland médecin. |
| 29 | Hardy. | Traité de la taille des arbres. |
| 30 | Houllevigne. | La Matière. |
| 31 | Joly. | L'Homme avant les métaux. |
| 32 | Lebault. | La Table et les Repas. |
| 33 | Leblanc. | L'Enseignement agricole. |
| 34 | Mairie. | La technique du livre. |
| 35 | Massé. | Pour choisir une carrière. |

# Série G. — Divers, Périodiques

| 1 | Brachet. | Dictionnaire étymologique. |
| 2 | Chéruel. | Dictionnaire historique des Institutions. |
| 3 | Clédat. | Dictionnaire étymologique. |
| 4 | Colin. | Dictionnaire encyclopédique illustré. |
| 5 | Grégoire. | Dictionnaire d'Histoire et de Géographie |
| 6 | Périodiques. | Revue pédagogique |
| 7 | Périodiques. | Lisez-moi. |
| 8 | Périodiques. | Conférencia. |
| 9 | Périodiques. | La Petite Illustration. |
| 10 | Périodiques. | L'Illustration théâtrale. |
| 11 | Périodiques. | Revue historique et archéologique du Maine. |
| 12 | Périodiques. | Bulletin de la Société d'Agriculture Sciences et Arts. |